Nur für den Dienstgebrauch!

Merkblatt

Schießanleitung und Schulschießübungen für den Panzerkampfwagen
Tiger

vom 7. 1. 1944

Der Generalinspekteur O.K.H. H. Qu., den 7. 1. 1944
   der Panzertruppen

Ich genehmige das Merkblatt 47a/27 „Schießanleitung und Schulschießübungen für den Panzerkampfwagen Tiger" vom 7. 1. 1944.

Das Merkblatt 47a/27 „Schießanleitung und Schulschießübungen für den Panzerkampfwagen Tiger" vom 5. 5. 43 tritt außer Kraft,

G u d e r i a n

Bibliografische Informationen der Deutschen Nationalbibliothek: Die Deutsche Nationalbibliothek verzeichnet diese Publikation in der Deutschen Nationalbibliografie; detaillierte bibliografische Daten sind im Internet über http://dnb.dnb.de abrufbar.

© 2021 Thomas Heise
Herstellung und Verlag:
BoD - Books on Demand, Norderstedt

ISBN: 978-3-7534-8196-8

Inhaltsverzeichnis

A. Das Schießen vom Panzerkampfwagen VI (Tiger) mit der 8,8 cm Kw. K. 36.

1. Die 8,8 cm Kw. K. 36 ist eine Waffe mit größter Durchschlagsleistung und zur Bekämpfung schwerer Panzerkampfwagen besonders befähigt. Im Kampf gegen Panzerkampfwagen gestattet die große Durchschlagsreichweite die Führung des Feuerkampfes auch auf weite Entfernungen, auf denen panzerbrechende Wirkung vom Gegner meist noch nicht erzielt werden kann.

2. In diesem Kampf kommt es darauf an, die große Waffenüberlegenheit rechtzeitig auszunutzen. Voraussetzung hierfür ist jedoch die richtige Anwendung der **Schießregeln.** Abweichungen von den Schießregeln führen zu Fehlschlägen, zu Zeitverlust und unnötigem Munitionsaufwand.

Einzelheiten betr. Panzererkennungsdienst und Panzerbekämpfung siehe H.Dv. 469/2 und H.Dv. 469/3b.

I. Waffen und Munitionswahl.

a) 8,8 cm Kw. K. 36.

3. **Panzergranate 39, Wirkungsbereich bis 2000 m,**
in Ausnahmefällen mit Einzelwagen bis 2500 m, mit Feuerzusammenfassung bis 3000 m.

Einsatz gegen alle Panzerfahrzeuge und Scharten ständiger Anlagen.

Schußentfernungen gegen schwer zu bekämpfende Panzerfahrzeuge gem. H.Dv. 469/3b.

5

4. **Sprenggranate, Wirkungsbereich bis zur Visierreich-weite (4000 m bzw. 5000 m).**

Einsatz mit A. Z. o. V.:

gegen Widerstandsnester, Pak und Geschütze, Massen-ziele;

gegen Panzerkampfwagen nur behindernde Wirkung, bei günstigen Treffern unterhalb des Turmansatzes und auf die Motorentlüftung vernichtende Wirkung.

Einsatz mit A. Z. m. V.:

gegen Ziele hinter Deckungen (z. B. Holzbunker, Häuser),

gegen lebende, von oben nicht eingedeckte Ziele als Abpraller (gegen solche Ziele ist die Wirkung des Abprallers der des Aufschlages weit überlegen).

b) M. G.:

5. **als Turm - M. G.:**

bis 800 m gegen lebende ungeschützte Ziele, gegen Ziele größerer Ausdehnung (z. B. Truppenansamm-lungen) bis 1200 m;

als Bug - M. G.:

bis 400 m gegen lebende ungeschützte Ziele.

II. Schießregeln für die 8,8 cm Kw. K. 36.

6. Das Schießen besteht meistens aus zwei Teilen: aus dem **Einschießen** und dem **Wirkungsschießen**.

Mit den beim Einschießen gewonnenen Schießgrund-lagen beginnt das Wirkungsschießen.

7. Auf Entfernungen **unter 1200 m** kann das Einschießen entfallen (Ziffer 19). Man beginnt dann sofort mit dem Wirkungsschießen.

a) Einschießen.

8. Der Panzerführer muß schnell zur Wirkung kommen. Jeder Anhalt, das **Einschießen** abzukürzen, ist auszunutzen.

Das Einschießen bei geringem Munitionseinsatz verlangt sichere und gewandte Beobachtung.

Beim Schießen mit Panzergranaten muß die Lichtspur und der Einschlag der Granate der Seite, Länge und Höhe nach in Verbindung mit dem Ziel gebracht werden.

Beim Schießen mit Sprenggranaten ist die Rauchwolke im Augenblick des Entstehens festzuhalten und nach Länge und Seite mit dem Ziel in Verbindung zu bringen.

9. Das Einschießen beginnt mit einer Seite und Entfernung, welche die Flugbahn nahe an das Ziel führen.

10. Zu Beginn des Einschießens kommt es darauf an, die Schüsse in die Zielrichtung zu legen. Seitenänderungen werden gleichzeitig mit Längenänderungen entsprechend der geschätzten oder gemessenen Abweichung vorgenommen (gegebenenfalls unter Verwendung der Nebenstachel).

11. Das Einschießen nach der Länge wird durchgeführt:
durch **Gabelbildung,** wenn Beobachtung vor und hinter dem Ziel möglich ist,
durch **Heranschießen,** wenn Beobachtung vor oder hinter dem Ziel durch Geländeform oder Bodenbedeckung nicht möglich ist.

12. Beim Gabelbilden werden zwei Entfernungen ermittelt, innerhalb deren mit großer Wahrscheinlichkeit das Ziel liegt. Es wird je nach Lage des ersten beobachtungsfähigen Schusses zugelegt oder abgebrochen. Die Gabel ist gebildet, sobald auf einer Entfernung ein Kurzschuß (–) und auf einer weiteren Entfernung ein Weitschuß (+) erzielt ist.

Die erste Verbesserung muß so groß sein, daß mit dem 2. Schuß die Gabel gebildet ist.

Es werden nur Sprünge von 800, 400, 200, 100, 50 und 25 m ausgeführt.

13. Bei **Panzergranaten** wird von 1200 bis 2000 m mindestens um 200 m, über 2000 m mindestens um 400 m zugelegt oder abgebrochen.

Bei **Sprenggranaten** wird unter 1200 m um 200 m, über 1200 m um 400 m und über 3000 m um 800 m zugelegt oder abgebrochen.

Sprünge werden auf die jeweilige Gabelmitte vorgenommen.

Bei Panzergranaten ist die Gabel bis 2000 m auf 100 m, über 2000 m und bei Sprenggranaten auf allen Entfernungen auf 50 m zu verengen.

14. Beim Schießen mit Sprenggranaten ist es bei kleinen Zielen auf größerer Entfernung zweckmäßig, die Grenzen der 50 m-Gabel durch einen zweiten Schuß nachzuprüfen.

15. Ist Beobachtung vor dem Ziel durch Geländeform oder Bodenbedeckung nicht möglich oder müssen eigene Truppen in der Nähe des Zieles überschossen werden, so beginnt das Einschießen mit einer größeren als der geschätzten oder gemessenen Entfernung: man schießt sich in diesem Fall mit kleinen Sprüngen von hinten an das Ziel heran.

Ist Beobachtung hinter dem Ziel durch Geländeform oder Bodenbedeckung nicht möglich, wird das Heranschießen von vorn durchgeführt, vorausgesetzt, daß hierdurch eigene Truppen nicht gefährdet werden.

16. Ergibt sich beim Einschießen auf einer Entfernung ein Treffer, ein Aufschlag d. a. Z. oder beim Nachprüfen der 50 m-Gabel (nur bei Sprenggranaten) ein Kurz- (–) und Weitschuß (+), so ist das Einschießen beendet.

b) Wirkungsschießen.

17. Das **Wirkungsschießen** beginnt mit der beim Einschießen ermittelten günstigsten Entfernung und Seite (Gabelmitte oder Entfernung, auf der beim Einschießen ein Treffer oder wechselnde Vorzeichen erzielt werden).

Im Verlauf des Wirkungsschießens können Haltepunkts- und geringe Entfernungsverbesserungen erforderlich werden. Hierbei sollen Haltepunktsverbesserungen die Zielhöhe nicht überschreiten.

Durch das Wirkungsschießen soll das Ziel vernichtet werden. Schnelle Feuerfolge ist anzustreben.

Für die gegen ein Ziel einzusetzende Munitionsmenge ist die Art des Zieles bestimmend.

18. Gegen lebende, von oben nicht eingedeckte Ziele sind Sprgr. mit A. Z. m. V. zu verwenden, wenn mit **Abprallerwirkung** gerechnet werden kann.

Harter Untergrund, ebenes Aufschlaggelände, Grasnarbe

begünstigen das Abprallen, vorausgesetzt, daß der Aufschlagwinkel nicht größer als 360– (20°) ist. Beim Abprallerschießen läßt sich schon mit wenigen Schuß eine ausreichende Wirkung erzielen. Das Einschießen wird mit Sprgr. mit A. Z. o. V. durchgeführt, zum Wirkungsschießen mit Abprallern wird von der ermittelten günstigsten Schußentfernung um 50 m abgebrochen.

19. Auf Panzerkampfwagen **unter 1200** m entfällt ein Einschießen. Man beginnt sofort mit dem Wirkungsschießen. Es beginnt mit der um 100 m vergrößerten, geschätzten oder gemessenen Entfernung (Ausnutzen des Visierbereiches).

Liegt der erste Schuß ausnahmsweise weit (+), wird um 200 m abgebrochen.

Liegt der erste Schuß ausnahmsweise kurz (–), wird der Haltepunkt verbessert („Ziel verschwinden lassen"). Führt die Haltepunktverbesserung nicht sofort zum Treffer, so liegt ein grober Entfernungsschätzfehler vor (das Ziel ist weiter als 1200 m entfernt); es ist ein Einschießen mit der 400 m-Gabel durchzuführen.

Zum Treffen bestimmter **schwacher Stellen** von Panzerkampfwagen können Haltepunktsverbesserungen während des Wirkungsschießens erforderlich werden (siehe Panzerbeschußtafel der H.Dv. 469/3b).

Auf **große Ziele** (z. B. Lastkraftwagen) und auf **Flächenziele** (z. B. massiert angreifende Schützen) entfällt das Einschießen bei Sprenggranaten auf Entfernungen unter 1200 m, sofern man Anhaltspunkte für die Entfernung hat.

20. Gegen **drauflos- und wegfahrende** Panzerkampfwagen beginnt das Wirkungsschießen:

> **unter 1200 m** wie gegen stehende Panzerkampfwagen (Ziffer 19),
>
> **über 1200 m bis 2000 m** bei drauflosfahrenden Panzerkampfwagen auf der kurzen Gabelgrenze; zu frühes Abbrechen ist zu vermeiden,
> bei wegfahrenden Panzerkampfwagen auf der weiten Gabelgrenze,
>
> **über 2000 m** ist gegen fahrende Panzerkampfwagen nicht mehr zu schießen.

c) Ausschalten des Abstandsmaßes und Anwendung der Vorhaltemaße.

21. Ausschalten des **Abstandsmaßes** zwischen Waffen und T. Z. F. nur beim Schießen mit M. G. auf kleine Ziele und kurze Entfernungen und beim Schießen mit Kw. K. Panzergranate auf „schwache Stellen" von stehenden Panzerkampfwagen.

Das Abstandsmaß beträgt:

T. Z. F. – Kw. K. 36 .... 48 cm
T. Z. F. – M. G. .... 93,5 cm

22. Beim Schießen auf ein quer- oder schrägfahrendes Ziel muß unter Verwendung der Nebenstachel vorgehalten werden. Der Zwischenraum zwischen zwei Stachelspitzen beträgt 4 Strich (4–).

1 Strich = 1/6400 des Kreises. Bei kleinen Winkeln schießt 1 Strich 1/1000 der Entfernung, also 1 m auf 1000 m, ein.

23. **Vorhaltemaße** bei Q u e r f a h r t:

Geschoßart	Entfernung	Vorhalt in Strich bei Zielgeschwindigkeit		
		langsam 10 km/Std.	mittel 20 km/Std.	schnell 30 km/Std.
Pz. Gr. 39 Spr. Gr.	bis 2000 m	4–	8–	12–

24. Die Vorhaltemaße bei S c h r ä g f a h r t betragen:

für 30° Kurswinkel die halben,

für 60° Kurswinkel die vollen Werte der Querfahrt.

B. Schulschießübungen mit der 8,8 cm KW. K. 36 vom Panzerkampfwagen VI (Tiger).

(Die Schulschießübungen werden in die Vorschrift „Durchführung der Schießausbildung in einer Panzerabteilung" eingearbeitet.)

25. Die **Schulschießübungen** sind die Grundlage für das Schießen im Gefecht.

Bei den Schulschießübungen soll die Besatzung die Anwendung der Schießregeln erlernen. Sie wird zum genauen Richten, zum Entfernungsschätzen und zur Schnelligkeit in der Bedienung der Waffe und der Richtmittel erzogen. Sie dienen ferner dazu, die Besatzung an den scharfen Schuß zu gewöhnen und sie mit den Eigenarten ihrer 8,8 cm Kw. K. 36 vertraut zu machen.

Die **Panzerbesatzung** schießt die Schulschießübungen in ihrer vorgesehenen Einteilung. Ist ausreichend Munition vorhanden, so sind Panzerführer und Richtschütze auszutauschen und die Schulschießübungen zu wiederholen.

26. **1. Uebung: – Kanone – Einschießen mit Sprenggranaten auf Ziele in unbekannter Entfernung unter 1200 m.**

Uebung: Stehender Pz. Kpfw., Kanone, unbekannte Entfernung, 800 m – 1200 m, 4 Sprenggranaten.

Erledigt die Besatzung das Ziel mit weniger Schüssen als nach der Uebung vorgesehen, so ist ihr ein zweites Ziel zuzuweisen. Die Zahl der erledigten Ziele ist in der Schießliste unter „Bemerkungen" zu verzeichnen.

Bedingung: 1 Treffer

Zweck: Erlernen des Einschießens mit Sprenggranate gegen Punktziele in unbekannter Entfernung unter 1200 m.

Schießt: Panzerbesatzung.

Ort: Gelände.

Scheibe: Pakscheibe (Front).

Pz. Kpfw.: Der Pz. Kpfw. steht gefechtsbereit mit Schußrichtung „12 Uhr" in unbekannter Entfernung vor der Scheibe. Die Kw. K. ist entzurrt. Der Panzerführer überwacht von seinem Platz die Tätigkeit der Besatzung.

Ausführung:
Der Panzerführer kommandiert an Ladeschützen:
    „Sprenggranate! Laden und Sichern!"

13

Der Ladeschütze meldet nach Ausführung:

„Sprenggranate geladen und gesichert!"

Der Panzerführer kommandiert an Richtschützen:

„Sprenggranate! – 12 Uhr! – 900! (vom Panzerführer ermittelte Entfernung) – Pak! – Schuß!"

Der Ladeschütze entsichert die Kanone.

Der Richtschütze gibt den ersten Schuß ab, beobachtet den Einschlag und ruft die Beobachtung dem Panzerführer zu. Der Panzerführer befiehlt die Verbesserung.

Die folgenden Schüsse werden nach den Schießregeln für das Einschießen unter Feuerleitung des Panzerführers abgegeben (Ziffer 8 – 16).

Vor Abgabe des letzten Schusses kommandiert der Panzerführer: „Rohr frei!"

Der Ladeschütze läßt die Kanone nach Abgabe des Schusses ungeladen und meldet bei geöffnetem Verschluß: „Rohr leer!"

Der Panzerführer kommandiert: „Mündung hoch!"

27. **2. Uebung: – Kanone – Einschießen mit Sprenggranaten auf Ziele in unbekannter Entfernung über 1200 m.**

Uebung: Stehender Pz. Kpfw., Kanone, unbekannte Entfernung, 1200 m – 2000 m, 6 Sprenggranaten.

Erledigt die Besatzung das Ziel mit weniger Schüssen als nach der Uebung vorgesehen, so ist ihr ein zweites Ziel zuzuweisen. Die Zahl der erledigten Ziele ist in der Schießliste unter „Bemerkungen" zu verzeichnen.

Bedingung: 1 Treffer.

Zweck: Erlernen des Einschießens mit Sprenggranate gegen Punktziele in unbekannter Entfernung über 1200 m.

Schießt: Panzerbesatzung.

Ort: Gelände.

Scheibe: Geschützscheibe (Front).

Pz. Kpfw.: Der Pz. Kpfw. steht gefechtsbereit mit Schußrichtung „12 Uhr" in unbekannter Entfernung vor der Scheibe. Die Kw. K. ist entzurrt. Der Panzerführer überwacht von seinem Platz die Tätigkeit der Besatzung.

Ausführung:

Der Panzerführer kommandiert an Ladeschützen:

„Sprenggranate! Laden und Sichern!"

Der Ladeschütze meldet nach Ausführung:

„Sprenggranate geladen und gesichert!"

Der Panzerführer kommandiert an Richtschützen:

„Sprenggranate! – 12 Uhr! – 1800! (vom Panzerführer ermittelte Entfernung) – Geschütz! - Schuß!"

Der Ladeschütze entsichert die Kanone.

Der Richtschütze gibt den ersten Schuß ab, beobachtet den Einschlag und ruft die Beobachtung dem Panzerführer zu. Der Panzerführer befiehlt die Verbesserung.

Die folgenden Schüsse werden nach den Schießregeln für das Einschießen unter Feuerleitung des Panzerführers abgegeben (Ziffer 8 – 16).

Vor Abgabe des letzten Schusses kommandiert der Panzerführer: „Rohr frei!"

Der Ladeschütze läßt die Kanone nach Abgabe des Schusses ungeladen und meldet bei geöffnetem Verschluß: „Rohr leer!"

Der Panzerführer kommandiert: „Mündung hoch!"

28. 3. Uebung: – Kanone – Einschießen mit Panzergranaten auf Panzerkampfwagen in unbekannter Entfernung über 1200 m.

Uebung: Stehender Pz. Kpfw., Kanone, unbekannte Entfernung, 1200 m – 2000 m, 4 Panzergranaten.

Erledigt die Besatzung das Ziel mit weniger Schüssen als nach der Uebung vorgesehen, so ist ihr ein zweites Ziel zuzuweisen. Die Zahl der erledigten Ziele ist in der Schießliste unter „Bemerkungen" zu verzeichnen.

Bedingung: 1 Treffer.

Zweck: Erlernen des Einschießens mit Panzergranate gegen Punktziele in unbekannter Entfernung über 1200 m.

Schießt: Panzerbesatzung.

Ort: Gelände.

Scheibe: Panzerscheibe (Front).

Pz. Kpfw.: Der Pz. Kpfw. steht gefechtsbereit mit Schußrichtung „12 Uhr" in unbekannter Entfernung vor der Scheibe. Die Kw. K. ist entzurrt. Der Panzerführer überwacht von seinem Platz die Tätigkeit der Besatzung.

Ausführung:

Der Panzerführer kommandiert an Ladeschützen:

„Panzergranate! Laden und Sichern!"

Der Ladeschütze meldet nach Ausführung:

„Panzergranate geladen und gesichert!"

Der Panzerführer kommandiert an Richtschützen:

„Panzergranate! – 12 Uhr! – 1600! (vom Panzerführer ermittelte Entfernung) – Panzer! – Schuß!".

Der Ladeschütze entsichert die Kanone.

Der Richtschütze gibt den ersten Schuß ab, beobachtet Lichtspur und Einschlag und ruft die Beobachtung dem Panzerführer zu. Der Panzerführer befiehlt die Verbesserung.

Die folgenden Schüsse werden nach den Schießregeln für das Einschießen unter Feuerleitung des Panzerführers abgegeben (Ziffer 8 – 16).

Vor Abgabe des letzten Schusses kommandiert der Panzerführer: „Rohr frei!"

Der Ladeschütze läßt die Kanone nach Abgabe des Schusses ungeladen und meldet bei geöffnetem Verschluß: „Rohr leer!"

Der Panzerführer kommandiert: „Mündung hoch!"

29. **4. Uebung: – Kanone – Schießen mit Panzergranaten auf Ziel in Querfahrt.**

Uebung: Stehender Pz. Kpfw., Kanone, Entfernung 800 m – 1200 m, 3 Schuß Panzergranaten gegen fahrendes Ziel, 20 km/Std., Querfahrt, Fahrstrecke des Zieles: 150 m, Feuerzeit: 30 Sekunden.

Bedingung: 1 Treffer.

Zweck: Erlernen des Vorhaltens und Nachrichtens gegen Ziele in Querfahrt sowie Erlernen der Haltepunktverbesserung auf Grund der Beobachtung.

Schießt: Panzerbesatzung.

Ort: Gelände.

Scheibe: Panzerscheibe auf Schlitten (Länge etwa 4 m, Höhe einschließlich Turm etwa 2 m).

Pz. Kpfw.: Der Pz. Kpfw. steht gefechtsbereit mit Schußrichtung „12 Uhr" 800 m – 1200 m vor der Mitte der Fahrstrecke des Zieles. Die Kw. K. ist entzurrt. Der Panzerführer überwacht von seinem Platz die Tätigkeit der Besatzung.

Ausführung:

Der Panzerführer kommandiert an Ladeschützen:

„Panzergranate! Laden und Sichern!"

Der Ladeschütze meldet nach Ausführung:

„Panzergranate geladen und gesichert!"

Der Panzerführer kommandiert an Richtschützen:

„Panzergranate! – 12 Uhr! – 900! (vom Panzerführer ermittelte Entfernung) – Panzer! – 8 Strich! (vom Panzerführer ermitteltes Vorhaltemaß) – Schuß!"

Der Ladeschütze entsichert die Kanone.

Der Richtschütze gibt den ersten Schuß ab, beobachtet Lichtspur und Einschlag und ruft die Beobachtung dem Panzerführer zu. Der Panzerführer befiehlt die Verbesserung.

Die folgenden Schüsse werden mit etwa notwendigen Verbesserungen unter Feuerleitung des Panzerführers abgegeben (Ziffer 19).

Vor Abgabe des letzten Schusses kommandiert der Panzerführer: „Rohr frei!"

Der Richtschütze gibt den noch geladenen Schuß ab.

Der Ladeschütze läßt die Kanone nach Abgabe des Schusses ungeladen und meldet bei geöffnetem Verschluß: „Rohr leer!"

Der Panzerführer kommandiert: „Mündung hoch!"

Merkblatt 47a/30
(Anhang 2 zur H.Dv. 1a,
Seite 47a lfd. Nr. 30)

<u>Nur für den Dienstgebrauch!</u>

Merkblatt

für den

Einsatz der schw. Panzer-Abteilung „Tiger"

Vom 20. 5. 1943

Der Generalinspekteur   H. Qu. OKH, den 20. 5. 43
der Panzertruppen

Das Merkblatt für den Einsatz der schweren Panzer-

Abteilung „Tiger" wird hiermit genehmigt.

Guderian.

A. Wesen, Aufgaben und Gliederung.

Waffe und Panzerung in Verbindung mit hoher Beweglichkeit machen den Tiger zum schärfsten Kampfmittel der Panzerwaffe.

Die Tiger-Abteilung ist daher eine machtvolle Schwerpunktwaffe in der Hand des Truppenführers. Ihre Stärke liegt im geschlossenen, rücksichtslos geführten Angriff. Jede Zersplitterung mindert ihre Schlagkraft. Gründliche Vorbereitung des Einsatzes an entscheidender Stelle verbürgt hohen Erfolg.

Tiger-Abteilungen sind Heerestruppen. Sie werden im Schwerpunkt der Kampfhandlungen anderen Panzerverbänden unterstellt, um die Entscheidung zu erzwingen. Sie dürfen nicht durch Nebenaufgaben frühzeitig verbraucht werden.

Sie sind besonders zum Kampf gegen schwere feindliche Panzerkräfte geeignet und müssen diesen Kampf suchen. Die Vernichtung der feindlichen Panzer schafft für die eigenen leichten Panzer die Voraussetzung für die erfolgreiche Durchführung ihrer Aufgaben.

Es ist verboten, dem Tiger Aufträge zuzuteilen, die durch le. Panzer oder Sturmgeschütze gelöst werden können, desgleichen ist er nicht mit Aufklärungs- und Sicherungsaufgaben zu betrauen.

Die Tiger-Abteilung gliedert sich in:

    Abteilungsstab,

    Stabs-Komp. mit Nachrichten-Zug, gp. Aufkl. Zug (SPW), Erkundungs-Zug, Pionier-Zug., Fliegerabwehr-Zug (und einer Staffel für Verwaltung und Nachschub),

    3 s. Pz.-Kompanien,

    1 Pz.-Werkstatt-Kompanie.

B. Einsatz.

Beim Einsatz einer Tiger-Abteilung sind im allgemeinen die gleichen Grundsätze wie für andere Panzerverbände gültig. Aus der Eigenart des Tiger ergeben sich folgende Sonderheiten:

I. Marsch.

1. Als Schwerpunktwaffe ist die Tiger-Abteilung in der Marschordnung meist vorn einzugliedern.

2. Die Marschwege sind seitens der Führung besonders sorgfältig auszuwählen.

3. Für eingehende Erkundung ist der Abteilungs-Kommandeur verantwortlich. Die Erkundung und Herrichtung von Brücken, Furten und Wegengen ist besonders wichtig. Genaues Kartenstudium und Auswertung vorhandener Luftbilder, sowie rechtzeitiger Ansatz des Erkundungs- und Pionier-Zuges ist hierzu erforderlich.

4. Bei längeren Märschen ist eine Kopplung von Tiger-Einheiten mit anderen Panzerverbänden aus marschtechnischen Gründen nicht durchzuführen.

5. Beim Überwinden von Brücken z w e i f e l h a f t e r Tragkraft sind vor den Tigern leichte Panzer mit ihrem unmittelbaren Gefechtsnachschub vorzuziehen.

6. Durchschnittsgeschwindigkeit auf dem Marsch:
   bei Tag: 10 – 15 km/h,
   bei Nacht: 7 – 10 km/h.

7. Häufige technische Marschhalte sind erforderlich. Es ist nach den ersten 5 km, hiernach alle 10 – 15 km, ein techn. Halt zu befehlen.

8. Straßen mit starker Wölbung und hartem Pflaster sind zu vermeiden.

II. Bereitstellung.

1. Zur Wahrung der Überraschung ist der Bereitstellungsraum wegen des weithin hörbaren Heulens des Motors genügend weit vom Feind abzulegen. Windrichtung und Windstärke sind hierbei zu beachten.

2. Nach Einfahren in die Bereitstellung sind die besonders auffallenden breiten und starken Fahrspuren des Tigers zu verwischen, um der feindlichen Luftaufklärung das Vorhandensein schwerer Panzer zu verbergen.

III. Kampf.

1. Zur Gefechtsaufklärung ist der gp. Aufklärungs-Zug durch den Abteilungskommandeur anzusetzen. Im Bedarfsfall sind hierzu außerdem le. Panzer des mit der Tiger-Abteilung zusammenwirkenden Panzerverbandes heranzuziehen.

2. Im Gefecht ist der Tiger an der Stelle einzusetzen, an welcher der entscheidende Erfolg erzwungen werden soll. Die Abteilung ist hierzu im ersten Treffen im Schwerpunkt einzugliedern. Alle Waffen unterstützen die Abteilung bei der Durchführung ihrer Kampfaufgaben. Rechtzeitiger Einsatz von Minenräum-Einheiten und Pionieren bzw. enges Zusammenwirken mit diesen zur Feststellung und Beseitigung von Minen und Hindernissen ist erforderlich.

3. Beim Kampf mit feindlichen Panzern sind rasches Handeln und straffe Führung Voraussetzung für den Erfolg. Durch stets wechselndes Angriffsverfahren ist der Feind immer wieder zu täuschen und zu verwirren.

    Im wesentlichen haben sich folgende Kampfverfahren bewährt:

    a) Die Feindpanzer sind durch Feuer leichter Panzereinheiten frontal zu fesseln. Sodann sind sie durch die Tiger-Abteilung zu umgehen und aus Flanke oder im Rücken anzugreifen, während die übrigen Panzer ständig den Tiger-Angriff durch frontales Feuer unterstützen.

    b) Die Tiger erkämpfen durch einen frontal oder flankierend s c h n e l l g e f a h r e n e n Angriff und ihr Feuer die Überlegenheit über die Feindpanzer, wobei sie durch das Feuer der übrigen Panzerverbände unterstützt werden.

4. Beim Kampf um Ortschaften ist der Tiger mit Rücksicht auf seinen großen toten Winkel und die weit überstehende Kanone nicht im Häuserkampf einzusetzen. Sinngemäß gilt dies für das Waldgefecht.

5. Zur Verfolgung ist der Tiger besonders geeignet. Vorausschauende Erkundung und frühzeitiger Anlaß (Betriebsstoff und Munition) sind die Vorbedingungen hierzu.

IV. Instandsetzungsdienst.

Jede nur mögliche Ruhezeit ist der Tiger-Abteilung zur technischen Instandsetzung zu gewähren.

Nach längeren Einsätzen muß ihr zur Wiederherstellung voller K a m p f-k r a f t ausreichend Zeit zur gründlichen Pflege und Überholung gegeben werden.

D e r I n s t a n d s e t z u n g s d i e n s t i s t v o n a l l e n D i e n s t s t e l l e n u n d K o m m a n d o b e h ö r d e n w e i t g e h e n d z u u n t e r s t ü t z e n.